최고를 찾아라!

쉬린기 월드

최고를 찾아라!
쥐라기 월드

펴낸날 1판 1쇄 2015년 5월 22일 인쇄 2015년 6월 5일 발행
지음 대런 내시 옮김 김아림
펴낸이 문상수 펴낸곳 국민서관㈜
출판등록 1997년 8월 13일 제10-1479호
본부장 목선철 책임편집 이지혜 편집 고은비, 조윤지 디자인 이창훈
제작 마현우 영업 조병준, 조윤정, 김정범
주소 (413-120) 경기도 파주시 광인사길 63 국민서관㈜
전화 영업 070)4330-7854 편집 070)4330-7862
팩스 070)4330-7855
홈페이지 http://www.kmbooks.com
카페 http://cafe.naver.com/kmbooks
ISBN 978-89-11-12455-8 73470 값 12,000원

* 잘못된 책은 구입하신 곳에서 바꿔 드립니다.
* 이 책의 일부를 재사용하려면 반드시 국민서관㈜의 동의를 얻어야 합니다.
* 이 책은 《최고를 찾아라! 공룡 기네스북》(대런 내시 저, 국민서관㈜, 2012)의 내용 중 일부를 발췌하여 재구성한 것입니다.

JURASSIC RECORD BREAKERS by Dr. Darren Naish
Copyright © Carlton Books Limited 2015
All Rights Reserved.
Korean translation copyright © 2015 by Kookminbooks Co., Ltd.
Korean translation rights are arranged with Carlton Books Limited through Amo Agency.

이 책의 한국어판 저작권은 아모 에이전시를 통해 저작권자와 독점 계약한 국민서관㈜에 있습니다. 신 저작권법에 의해 한국 내에서 보호를 받는 저작물이므로 무단 전재 및 무단 복제를 금합니다.

이 도서의 국립중앙도서관 출판예정도서목록(CIP)은 서지정보유통지원시스템 홈페이지 (http://seoji.nl.go.kr)와 국가자료공동목록시스템(http://www.nl.go.kr/kolisnet) 에서 이용하실 수 있습니다. (CIP제어번호: CIP2015014016)

최고를 찾아라!
쥐라기 월드

대런 내시 지음
김아림 옮김

국민서관

🏆 저자 소개

대런 내시는 고생물학자이자 과학 저술가로, 공룡과 선사 시대 생물을 공부했어요. 공룡과 고대 파충류 화석을 발굴하느라 바쁘지만 틈틈이 시간을 내서 이 책을 썼어요. 현재 포츠머스 대학교에서 연구원으로 일하고 있지요. 계속해서 새로운 공룡이 발견되지만 아직도 우리는 공룡에 대해 알지 못하는 것들이 많아요. 가끔은 오늘날 볼 수 있는 동물 자료를 바탕으로 모르는 것을 추측하기도 해요. 과학자들이 동물의 달리기 속도에 비추어 공룡의 뛰는 속도를 짐작하는 것처럼 말이지요. 대런 내시를 비롯한 공룡 전문가들은 공룡을 설명하는 데 어려운 말을 쓰기도 해요. 잘 모르는 말이 나오면 46쪽 '낱말 풀이'를 참고하도록 해요.

🏆 번역가 소개

이 책을 우리말로 옮긴 **김아림**은 서울대학교 생물교육과를 졸업했으며, 동대학원 과학사 및 과학 철학 협동 과정을 수료했어요. 현재 번역 에이전시 '엔터스코리아'에서 출판 기획 및 전문 번역가로 활동 중이에요. 옮긴 책에는 《최고를 찾아라! 공룡 기네스북》, 《리얼 다이노소어》, 《공룡과 나》, 《세균이 궁금해》, 《마당에서 만나는 과학》 등이 있지요.

 # 차 례

쥐라기 월드

공룡 전성시대 6
가장 무거운 공룡 8
화석으로 처음 발견된 육식 공룡 10
가장 작은 육식 공룡 12
가장 무서운 바다 포식자 14
가장 귀중한 화석 16
가장 잽싼 꼬리를 가진 공룡 18
가장 눈에 띄는 공룡 20
가장 작은 초식 공룡 22
몸에 비해 가장 눈이 큰 어룡 24
가장 오래된 조류 26
가장 꼬리 가시가 긴 공룡 28
몸에 비해 가장 목이 긴 공룡 30
가장 남쪽에 산 공룡 32
가장 뇌가 작은 공룡 34
가장 색이 화려한 깃털 공룡 36
쥐라기 이후의 공룡 시대 38
가장 규모가 큰 멸종 40
쥐라기 들여다보기 42
쥐라기 상식 퀴즈 44
낱말 풀이 46

공룡 전성시대

약 2억 3천만 년 전에서 6천5백만 년 전 사이, 전에 없었던 놀라운 생물들이 지구를 지배하기 시작했어요. 그 가운데 가장 많았던 생물은 거대한 파충류 '공룡'이에요.

공룡은 지금껏 지구에 살았던 동물 가운데 덩치가 가장 컸는데, 많은 공룡이 엄청난 갑옷, 뿔, 가시, 발톱을 가졌어요. 우리는 이 책에서 놀라운 기록들을 가진 쥐라기 시대의 공룡들을 만날 거예요. 자, 그럼 이제부터 쥐라기로의 시간 여행을 떠나 볼까요?

지구를 지배한 공룡

공룡은 약 1억 6천5백만 년 동안 땅 위에 가장 많은 동물이었어요. 한 동물 무리가 이렇게 오랫동안 지구를 지배한 적은 처음이었어요. 여기에 비하면 우리 사람이 지구에 산 기간은 겨우 몇 백만 년이지요.

공룡은 전부 어디로 갔을까?

공룡 시대는 계속 이어지지 못했어요. 6천5백만 년 전에 지구 역사상 가장 큰 자연재해가 닥쳐서 거의 모든 공룡이 사라지고 말았어요. 하지만 공룡이 모두 사라진 것은 아니에요. 한 무리가 살아남았는데, 바로 조류지요.

변화하는 지구

공룡은 지금으로부터 약 2억 3천만 년 전 '트라이아스기'에 나타났어요. 이때부터 공룡은 쥐라기와 백악기를 거치는 동안 활발하게 수를 늘렸어요. 세 시기를 합쳐 '중생대'라고 하지요(아래 연표). 중생대 동안 지구는 엄청난 변화를 겪었고, 공룡은 살아남으려고 진화해야만 했어요.

공룡 연표

공룡과 포유류가 진화했어요.

조류가 진화했어요.

트라이아스기	쥐라기	
약 2억 5천만 년 전	약 1억 9천9백만 년 전	약 1억 4천5백만 년

중 생 대

공룡 가계도

공룡들은 아주 빨리 진화할 수 있어서 놀라운 속도로 늘어났어요. 그러면서 기록들을 속속 갈아 치웠어요. 초기의 공룡은 대부분 두 무리로 나뉠 수 있어요. 부리처럼 생긴 뼈가 있는 조반목과 목이 긴 용반목이었지요. 두 무리의 공룡도 처음에는 조그만 동물이었어요. 잘 구부러지는 목과 무엇인가를 꽉 쥘 수 있는 앞다리와 날씬한 뒷다리를 가지고 있었지요. 수백만 년이 흐르면서 초기 공룡들은 점점 더 화려하고 다양한 종으로 진화했어요.

용반목
용반목은 골격이 아주 커요. 목이 긴 '용각류'와 무시무시한 육식 공룡 '수각류'로 나뉘어요.

조반목
조반목은 가시 달린 검룡류와 갑옷(딱딱한 뼈)을 입은 곡룡류처럼 뿔이 있는 공룡을 포함해요.

공룡의 라이벌

공룡만이 선사 시대를 주름잡았던 것은 아니에요. 하늘을 나는 파충류 '익룡'과 바다 파충류 '어룡'이 공룡과 함께 지내며 지구 역사상 가장 놀라운 기록을 세우며 진화했어요.

트라이아스기
트라이아스기의 육지는 지금과 달리 거대한 대륙 하나였어요. 이때의 대륙을 '판게아'라고 부르는데, 지구 역사상 가장 큰 땅덩어리였어요. 판게아 덕분에 공룡들은 지구 곳곳으로 널리 퍼질 수 있었어요.

백악기
쥐라기와 백악기를 지난 뒤 판게아는 작은 대륙으로 쪼개졌어요. 작은 대륙은 기후도, 사는 식물도 달랐어요. 공룡들은 바뀐 환경에 적응하려고 여러 무리로 나뉘어 새로운 종으로 진화했어요.

공룡이 멸종했는데, 그 가운데 조류는 살아남았어요.

인류가 진화했어요.

백악기 | 약 6천5백만 년 전 | 신생대 | 현재

가장 무거운 공룡

암피코일리아스

'용각류'라고 불리는 초식 공룡은 꼬리와 목이 아주 길었고, 몸집도 엄청나게 컸어요. 용각류 가운데 암피코일리아스가 가장 무거웠어요.

지금껏 발견된 뼈가 2개밖에 되지 않는데도 과학자들은 끊임없이 암피코일리아스를 연구하고 있어요. 왜냐하면 이 공룡은 육지에 살았던 동물 가운데 가장 무거웠기 때문이지요.

몸집이 매우 큰 암피코일리아스는 매일 수백 혹은 수천 킬로그램에 달하는 식물을 먹어 치워야 했어요. 그래서 이 공룡은 키 작은 덤불이나 나무가 많은 곳에 살았을 거예요.

포식자 대부분은 몸집이 엄청나게 큰 암피코일리아스를 이기지 못했을 거예요.

암피코일리아스

살았던 때	쥐라기/1억 5천5백만 년~1억 4천5백만 년 전
살았던 곳	미국
크기	길이 40~60미터
몸무게	약 70~100톤
식성	초식성
속도	시속 16킬로미터
위험 정도	중간

고래보다 큰 공룡

암피코일리아스 몸은 흰긴수염고래보다도 길었지만 길이에 비해서는 무겁지 않았어요. 암피코일리아스는 높은 곳에 있는 나뭇잎도 쉽게 먹을 수 있을 정도로 목이 길었어요. 꼬리를 버팀목으로 이용해 뒷다리로 서서 더 높은 곳까지 닿을 수도 있었지요. 또 나무 정도는 간단히 쓰러뜨릴 만큼 힘이 세서 암피코일리아스가 지나갈 때는 땅이 쿵쿵 흔들렸을 거예요.

암피코일리아스가 이 정도의 몸집을 유지하려면 많은 시간을 먹는 데 보냈을 거예요. 연필처럼 생긴 이빨로 나뭇잎을 뜯어 먹었을 거예요.

얼마나 무거울까?

암피코일리아스는 몸무게가 최대 100톤까지 나갔어요. 이 몸무게는 아프리카코끼리 20마리를 합친 것과 같아요.

몸집 큰 용각류

발견된 암피코일리아스의 뼈 가운데 하나는 척추뼈의 일부로, 길이가 무려 2미터나 돼요. 또 하나는 허벅지 뼈의 일부인데, 뼛조각의 크기로 미루어 보아 암피코일리아스의 뒷다리는 9미터 정도였을 거예요. 이 길이는 기린 2마리의 키를 합친 것과 같지요.

화석으로 처음 발견된 육식 공룡

메갈로사우루스

메갈로사우루스는 과학 역사상 최초로 발견된 공룡이에요. 이 공룡은 지금으로부터 약 300년 전인 1700년대 후반 영국에서 발견되었어요.

지금은 메갈로사우루스가 무엇인가를 꽉 쥘 수 있는 앞다리와 발톱이 있고, 두 발로 걸어 다녔다는 사실을 잘 알고 있어요. 하지만 처음 메갈로사우루스의 화석이 발견되었을 때 과학자들은 도대체 어떤 동물의 것인지 몹시 혼란스러웠지요.

메갈로사우루스가 처음 발견되었을 때, 과학자들은 이 공룡도 코모도왕도마뱀처럼 길고 무거운 꼬리를 땅에 끌면서 다녔을 거라고 생각했어요.
하지만 대부분의 공룡이 꼬리를 공중으로 향한 채 걸어 다녔다는 사실이 나중에 밝혀졌지요.

무서운 포식자

메갈로사우루스 화석을 처음으로 연구하고 이름 붙여 준 사람은 고생물학자 '윌리엄 버클랜드'였어요. 버클랜드가 발견한 화석에는 나이와 크기가 다양한 메갈로사우루스 뼈가 섞여 있었어요. 그 가운데는 아래턱뼈도 있었는데, 휘어진 톱니처럼 생긴 이빨이 그대로 붙어 있지요. 버클랜드는 이 동물이 무엇인지 정확히 알지 못했지만 새로 발견한 사나운 포식자라고 굳게 믿었어요.

처음 이름 붙여진 때

1824 ➡ 메갈로사우루스
1825 ➡ 이구아노돈
1833 ➡ 힐라에오사우루스
1836 ➡ 테코돈토사우루스
1837 ➡ 플라테오사우루스

메갈로사우루스

살았던 때	쥐라기/1억 6천7백만 년 ~1억 6천4백만 년 전
살았던 곳	영국
크기	길이 6미터
몸무게	700킬로그램
식성	육식성
속도	시속 48킬로미터
위험 정도	높음

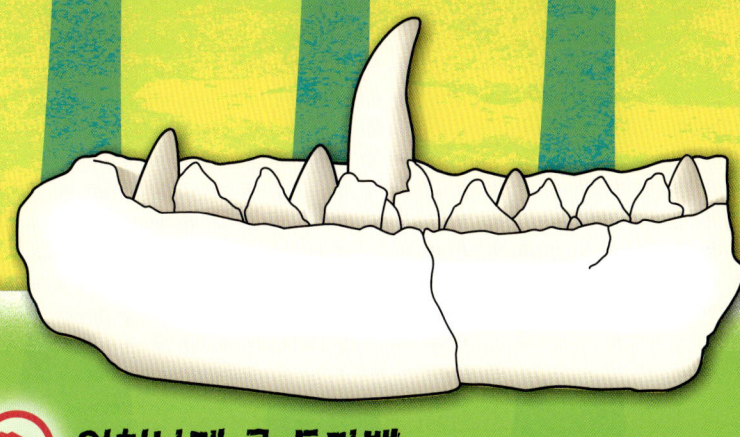

엄청나게 큰 도마뱀

메갈로사우루스 뼈가 처음 발견되었을 때 아래턱뼈는 오늘날 왕도마뱀의 턱뼈와 비슷해 보였어요. 그래서 당시 과학자들은 메갈로사우루스가 네발을 모두 써서 걷는 거대한 도마뱀처럼 생겼을 거라고 짐작했어요. 1850년대 와서는 이 가설보다 파충류 특징을 지닌 코끼리처럼 생겼을 거라는 의견이 힘을 얻었어요. 다리는 기둥같이 튼튼하고, 몸통과 꼬리는 짧을 거라고 상상했지요. 결국 두 가지 생각 모두 틀리고 말았어요.

톱니 이빨

북아메리카에서 발견된 포식자 공룡 화석으로 미루어 봤을 때 메갈로사우루스와 그 친족은 도마뱀처럼 생기지 않았어요. 네발로 걷지도 않았지요. 메갈로사우루스는 짧은 앞다리와 발톱 3개를 가진, 두 발로 다니는 포식자였어요. 메갈로사우루스는 커다란 앞 발톱으로 초식 공룡을 꽉 붙잡고는 톱니 같은 이빨로 먹었을 거예요.

메갈로사우루스는 힘센 앞다리로 먹잇감을 잡아 꼼짝 못하게 만든 다음 주둥이로 물어서 먹었을 거예요.

가장 작은 육식 공룡

안키오르니스

중국에서 발견된 안키오르니스는 길이가 고작 40센티미터밖에 되지 않는 깃털 공룡이에요. 안키오르니스는 '가장 작은 육식 공룡' 기록을 갖고 있어요.

이 공룡은 비둘기만 한 크기에 몸무게도 약 250그램이었어요. 실제로 에피덴드로사우루스나 에피덱시프테릭스 같은 공룡이 더 작았을지 몰라요. 하지만 이 공룡들은 다 자란 뒤의 화석이 발견되지 않아서 기록에 포함되지 않았지요.

작은 포식자

안키오르니스가 처음 발견되자 사람들은 이 공룡을 고대 조류 가운데 하나로 생각했어요. 안키오르니스는 조류처럼 생겼지만 엄연한 공룡이에요. 다른 공룡들처럼 안키오르니스도 쥘 수 있는 앞발과 날카롭고 촘촘한 이빨을 가졌어요. 안키오르니스는 재빠르게 도마뱀과 곤충을 사냥했을 거예요.

안키오르니스

살았던 때	쥐라기/1억 6천 5백만 년 ~ 1억 5천 5백만 년 전
살았던 곳	중국
크기	길이 40센티미터
몸무게	250그램
식성	육식성
속도	최대 시속 40킬로미터
위험 정도	위험하지 않음

작은 공룡 기록

1 ➡ 안키오르니스 ➡ 길이 약 40센티미터
2 ➡ 파르비쿠르소르 ➡ 길이 약 45센티미터
3 ➡ 카이나그나타시아 ➡ 길이 약 45센티미터
4 ➡ 메이 롱 ➡ 길이 약 45센티미터
5 ➡ 마하칼라 ➡ 길이 약 50센티미터

귀여운 용

최근에 과학자들은 중국과 몽골에서 작은 포식자 공룡 몇 마리를 발견했어요. 그 가운데 하나가 '메이 롱'이에요. 메이 롱은 길이가 약 45센티미터인데, 잠자는 것처럼 몸을 웅크린 채로 화석이 발견되었지요. 이 공룡은 발견된 화석이 이것뿐이라서 '깊이 잠든 용'을 뜻하는 '메이 롱'이란 이름이 붙었어요.

작은 몸집과 긴 깃털 덕분에 안키오르니스는 활공하거나, 날개를 퍼덕이며 날았을 거예요. 나뭇가지 사이를 뛰며 돌아다녔을 수도 있어요.

안키오르니스는 날카로운 이빨과 부리처럼 생긴 주둥이가 있었어요. 주로 작은 도마뱀이나 큰 곤충을 잡아먹었을 거예요.

안키오르니스는 앞다리에 기다란 깃털이 있었어요. 깃털 사이에 길고 가는 발가락 3개가 감추어져 있었지요.

가장 무서운 바다 포식자

리오플레우로돈

바다를 지배했던 가장 무서운 포식자 기록은 리오플레우로돈이 갖고 있어요. 이 바다 파충류는 향유고래 수컷만 한 크기였는데, 목이 짧은 플레시오사우루스처럼 생겼지요.

화석에 남은 이빨 자국으로 보아, 이 무시무시한 바다 포식자는 커다란 바다 생물을 이빨로 공격해서 잡아먹었을 거예요. 어떤 때는 먹잇감을 물어 갈기갈기 찢기도 했을 거예요. 과학자들은 리오플레우로돈의 무는 힘이 티라노사우루스 렉스보다 10배는 더 강했을 거라고 생각해요!

리오플레우로돈 턱 안쪽에는 살짝 구부러지고 날카로운 이빨이 깊이 박혀 있었어요. 이 이빨은 몸부림치는 먹잇감을 꽉 붙들어 살을 찢기에 제격이었지요.

강력한 무기, 이빨

리오플레우로돈은 빠르게 다가가 이빨로 무는 방법으로 다른 수장룡을 공격했어요. 그러고는 수장룡 몸통에서 지느러미발을 완전히 떼어 냈을 거예요. 리오플레우로돈은 악어처럼 물었는데, 머리 뒤쪽에 커다란 근육이 있어서 긴 턱에 힘을 줄 수 있었어요. 이빨은 바나나 모양인데 가장 긴 것은 30센티미터나 되었지요.

엄청나게 큰 포식자

화석을 보면 리오플레우로돈은 몸길이가 적어도 6미터는 되었을 거예요. 아래턱뼈나 척추뼈의 작은 조각으로 헤아려 볼 때 몸길이가 최대 15미터였을 수도 있어요. 몸이 얼마나 길었는지 오늘날의 범고래(몸길이 약 10미터), 백상아리(몸길이 최대 7미터)와 한번 비교해 보아요.

백상아리 / 잠수부 / 범고래 / 리오플레우로돈

리오플레우로돈

살았던 때	쥐라기/1억 6천5백만 년 ~1억 4천5백만 년 전
살았던 곳	영국, 프랑스, 독일
크기	길이 최대 15미터
몸무게	6톤
식성	물고기, 오징어, 바다 파충류를 먹음
속도	최대 시속 40킬로미터
위험 정도	높음

리오플레우로돈은 눈이 매우 밝고, 냄새도 무척 잘 맡아서 먹이를 쉽게 찾을 수 있었어요.

화석에 남은 위장 내용물을 보면 리오플레우로돈은 물고기나 연체동물, 다른 수장룡 또는 물에 떠내려온 공룡 시체를 먹었다는 걸 알 수 있어요.

죽음을 무릅쓴 공격

리오플레우로돈은 얕은 물에서 조심해야 했어요. 자칫 잘못하면 엄청나게 큰 덩치가 바닥에 걸려 옴짝달싹 못하게 될 수도 있었어요. 하지만 가끔은 먹잇감을 잡으려고 위험을 무릅써야 했지요. 이때는 물을 건너는 공룡들을 깊은 물속으로 한번에 낚아채 갔을 거예요. 오늘날 범고래도 이런 방법으로 사냥을 해요. 바닷가로 돌진해서 놀고 있는 바다사자 새끼를 한번에 확 낚아채지요.

가장 귀중한 화석

시조새

지금까지 발견된 화석 가운데 가장 가치가 높은 것은 최초의 조류 '시조새' 화석이에요.

시조새 화석은 조류가 작은 포식 공룡에서 진화했다는 증거가 되기 때문에 아주 중요해요. 지금까지 시조새 화석은 10개가 발견되었는데, 공룡 화석 전체를 통틀어 가장 가치가 높아요. 화석 하나가 무려 천만 파운드(약 180억 원)나 되지요.

완벽하게 보존된 화석

시조새는 부드러운 진흙이 있는 석호 근처에서 살았어요. 이곳은 화석으로 남기에 완벽한 조건을 갖춘 곳이에요. 지금까지 발견된 시조새 화석은 모두 석호의 암석층에서 나왔어요. '졸른호펜 석회석'이라고 불리는 이 암석은 석호 바닥에 있던 작고 부드러운 진흙 입자로 만들어졌어요.
이곳에 떨어진 동물 시체는 깃털이나 이빨을 포함해서 세세한 부분까지 잘 볼 수 있을 정도로 보존 상태가 좋아요.

시조새

살았던 때	쥐라기/1억 5천5백만 년 ~1억 5천만 년 전
살았던 곳	독일
크기	길이 50센티미터
몸무게	500그램
식성	육식성
속도	시속 48킬로미터
위험 정도	위험하지 않음

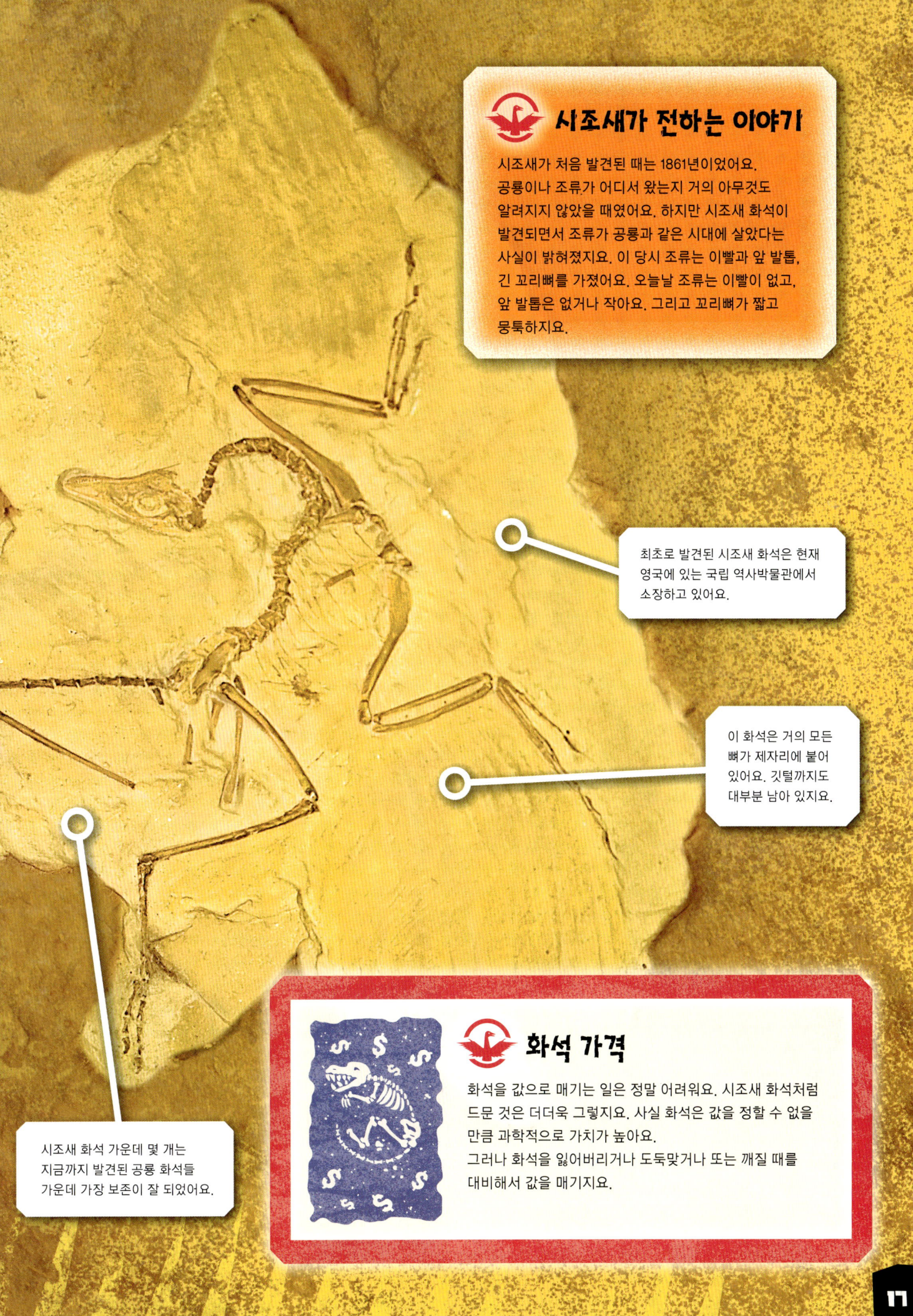

시조새가 전하는 이야기

시조새가 처음 발견된 때는 1861년이었어요. 공룡이나 조류가 어디서 왔는지 거의 아무것도 알려지지 않았을 때였어요. 하지만 시조새 화석이 발견되면서 조류가 공룡과 같은 시대에 살았다는 사실이 밝혀졌지요. 이 당시 조류는 이빨과 앞 발톱, 긴 꼬리뼈를 가졌어요. 오늘날 조류는 이빨이 없고, 앞 발톱은 없거나 작아요. 그리고 꼬리뼈가 짧고 뭉툭하지요.

최초로 발견된 시조새 화석은 현재 영국에 있는 국립 역사박물관에서 소장하고 있어요.

이 화석은 거의 모든 뼈가 제자리에 붙어 있어요. 깃털까지도 대부분 남아 있지요.

시조새 화석 가운데 몇 개는 지금까지 발견된 공룡 화석들 가운데 가장 보존이 잘 되었어요.

화석 가격

화석을 값으로 매기는 일은 정말 어려워요. 시조새 화석처럼 드문 것은 더더욱 그렇지요. 사실 화석은 값을 정할 수 없을 만큼 과학적으로 가치가 높아요.
그러나 화석을 잃어버리거나 도둑맞거나 또는 깨질 때를 대비해서 값을 매기지요.

가장 잽싼 꼬리를 가진 공룡

디플로도쿠스

디플로도쿠스처럼 거대한 용각류는 굉장한 꼬리를 갖고 있었어요. 꼬리 끝은 움직임이 자유로웠고 얇았는데, 마치 가죽 채찍처럼 생겼어요.

몇몇 과학자는 디플로도쿠스가 꼬리를 채찍처럼 휘둘렀고, 이때 꼬리 끝은 거의 초음속에 가까운 속도를 냈을 거라고 생각해요. 만약 정말로 그랬다면 디플로도쿠스는 역사상 처음으로 음속을 넘어선 생물인 셈이지요.

용각류 화석에 남은 피부 조각을 보면, 몸에 작고 둥근 비늘이 있었다는 것을 알 수 있어요. 몸에 비늘뿐만 아니라 골판과 작은 가시가 있는 용각류도 있었지요.

목에서부터 꼬리까지

디플로도쿠스와 이 공룡의 친족은 삼각형의 긴 가시가 목 뒤에서부터 등과 꼬리를 따라 나 있었다는 사실이 밝혀졌어요. 이구아나 등 쪽에 있는 돌기처럼 뾰쪽뾰쪽한 장식 덕분에 디플로도쿠스는 생각했던 것보다 훨씬 더 화려한 모습을 하고 있었다는 사실이 드러났지요.

디플로도쿠스

살았던 때	쥐라기/1억 5천만 년~ 1억 4천7백만 년 전
살았던 곳	미국
크기	길이 32미터
몸무게	30톤
식성	초식성
속도	최대 시속 16킬로미터
위험 정도	높음

엄청난 속도의 꼬리

몇몇 과학자는 디플로도쿠스가 꼬리 끝에서 크고 날카로운 소리를 내어 다른 공룡을 겁주거나, 짝짓기 상대를 유혹했을 거라고 생각해요. 이런 소리는 채찍 끝 부분이 시속 1,206킬로미터 이상의 속도를 낼 때 나요. 채찍의 끝이 음속을 넘어설 때 폭발음이 나기 때문이지요. 음속을 넘어선 제트기에서도 이런 현상이 일어나요.

꼬리 힘이 센 공룡은 꽤 많지만 디플로도쿠스 꼬리는 좀 더 특별했어요. 커다란 근육이 꼬리뼈를 받쳐 주고, 꼬리뼈 양쪽으로 뼈가 연결되어 있었어요. 그래서 꼬리를 양옆으로 마음껏 휘두를 수 있었지요.

살아 있는 채찍

디플로도쿠스는 적을 향해 꼬리를 채찍처럼 휘두를 때 조심해야 했어요. 너무 거칠게 꼬리를 쓰면 꼬리가 부러지거나, 꼬리 피부가 갈라질 수 있기 때문이에요.

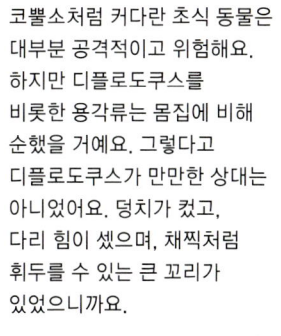

코뿔소처럼 커다란 초식 동물은 대부분 공격적이고 위험해요. 하지만 디플로도쿠스를 비롯한 용각류는 몸집에 비해 순했을 거예요. 그렇다고 디플로도쿠스가 만만한 상대는 아니었어요. 덩치가 컸고, 다리 힘이 셌으며, 채찍처럼 휘두를 수 있는 큰 꼬리가 있었으니까요.

가장 눈에 띄는 공룡

스테고사우루스

스테고사우루스는 골판 덕분에 어떤 공룡보다 더 눈에 잘 띄었어요. 골판은 몸을 뽐내는 데 쓰였을 거예요.

스테고사우루스는 길이 70센티미터, 폭 80센티미터의 거대한 마름모꼴 골판이 목에서부터 등, 꼬리까지 나 있었어요. 골판은 색깔이 밝고 굉장히 화려했을 거예요.

골판을 둘러싼 수수께끼

스테고사우루스 골판은 뼈로만 이루어진 게 아니었어요. 꼭대기에는 뿔로 된 덮개도 있었을 거예요. 하지만 화석으로 남아 있지는 않아요. 과학자들은 뿔 덮개가 계속 자랐을 거라고 생각해요. 하지만 뿔 덮개의 크기와 모양이 어땠는지는 정확히 밝혀지지 않았지요. 스테고사우루스 골판은 사람들이 상상하는 것보다 훨씬 더 컸을 수도 있어요!

골판은 위로 뻗어 있는 데다가 살짝 구부러져 있어서 몸을 지키는 갑옷으로는 어울리지 않았어요. 하지만 스테고사우루스는 몸 크기만으로도 다른 공룡에게 위협적이었을 거예요. 몸집이 버스만큼 컸으니까요.

체온을 조절하는 골판

스테고사우루스는 골판으로 체온을 조절했을 수도 있어요. 추울 때는 골판으로 태양의 열기를 흡수해서 몸을 따뜻하게 하고, 더울 때는 열을 밖으로 내보내서 몸을 식혔을 거예요.

스테고사우루스

살았던 때	쥐라기/1억 5천5백만 년 ~1억 4천5백만 년 전
살았던 곳	미국, 포르투갈
크기	길이 7미터
몸무게	3.5톤
식성	초식성
속도	시속 16킬로미터
위험 정도	중간

골판을 가진 공룡은 판이 대부분 짝지어져 한 줄로 나 있었어요. 하지만 스테고사우루스의 골판은 왼쪽, 오른쪽을 왔다 갔다 하며 나 있었지요.

목에 있는 골판은 크기가 작았어요. 가장 큰 골판은 엉덩이나, 꼬리가 시작되는 부분에 있었지요.

골판으로 뽐내기

스테고사우루스처럼 골판을 가진 공룡들이 꽤 있었어요. 로리카토사우루스(아래)를 비롯해서 여러 공룡이 골판을 가지고 있었지요. 하지만 이 공룡들의 골판은 스테고사우루스와 달라요. 어쩌면 스테고사우루스도 골판의 모양이 제각각이었을지도 몰라요. 그랬다면 골판은 스테고사우루스 사이에서 서로를 알아보거나, 몸을 뽐내는 도구로 쓰였을 거예요.

가장 작은 초식 공룡

프루이타덴스

지금껏 발견된 초식 공룡 가운데 가장 작은 공룡은 프루이타덴스예요. 이 공룡은 완전히 자라도 겨우 고양이만 했어요.

프루이타덴스는 뒷다리로 달렸고, 이빨로 잎과 과일을 짓이겨 먹었어요. 발가락으로 과일을 붙잡았을 거예요.

작은 공룡에게는 잡아먹으려고 덤벼드는 포식자가 많았어요. 프루이타덴스는 꼬리가 길고 잘 구부러져서, 뒷다리로 달아날 때 꼬리로 균형을 잡으며 속도를 높였을 거예요.

몸집이 작으면  어떨까?

몸집이 작아서 나쁜 점

- ★ 큰 동물이 공격하거나 날씨가 좋지 않으면 작은 공룡의 둥지는 쉽게 망가져요.
- ★ 멀리 갈 때 힘이 많이 들어요.
- ★ 몸집에 비해 많은 양을 먹어야 해요.
- ★ 도마뱀이나 거미처럼 작은 동물도 위험해요.

몸집이 작아서 좋은 점

- ★ 포식자나 나쁜 날씨를 쉽게 피할 수 있어요.
- ★ 이동하다가 지치면 좁은 곳에서도 잘 수 있어요.
- ★ 나무 두세 그루만 있어도 배부르게 먹을 수 있어요.
- ★ 작은 벌레나 씨앗처럼 쉽게 구할 수 있는 먹이로 배를 채울 수 있어요.

프루이타덴스

살았던 때	쥐라기/1억 5천만 년 전
살았던 곳	미국
크기	길이 70센티미터
몸무게	약 800그램
식성	초식성 또는 잡식성
속도	최대 시속 40킬로미터
위험 정도	낮음

 ### 살아 있는 공룡, 조류

조류는 쥐라기 시대 작은 포식 공룡으로부터 진화해서 지금 모습에 이르렀어요. 작은 공룡들이 오늘날에도 살아 있는 셈이지요! 어쩌면 우리는 세상에서 가장 작은 공룡 기록을 정할 때 오늘날 조류를 포함해야 할지도 몰라요. 조류 가운데 쿠바 벌새는 몸길이가 5센티미터 밖에 되지 않지요.

작은 공룡은 포식자로부터 몸을 숨겨야 했어요. 프루이타덴스는 굴속에서 잠을 잤을지도 몰라요.

몸통과 꼬리는 길게 자란 털로 덮여 있었을 거예요.

 ### 재미있게 생긴 송곳니

프루이타덴스는 헤테로돈토사우루스과에 들어가요. 헤테로돈토사우루스는 '쓰임이 다른 이빨을 가진 공룡'이라는 뜻이에요. 이 공룡들은 주둥이 끝이 부리처럼 생겼고, 그 안쪽에 이빨이 있었어요. 또한 이 공룡들은 주둥이 앞쪽에 송곳니가 있는 게 특징이었어요. 송곳니는 무엇인가를 물거나, 다른 동물과 싸우거나, 몸을 뽐내는 데 쓰였을 거예요.

몸에 비해 가장 눈이 큰 어룡

오프탈모사우루스

어룡은 선사 시대 바다를 누볐던 파충류를 말해요. 어룡은 돌고래와 비슷하게 생겼지요. 그 가운데 오프탈모사우루스는 몸집에 비해 눈이 가장 큰 어룡으로 유명해요.

오프탈모사우루스는 몸길이가 4미터밖에 되지 않았지만, 눈알은 지름이 23센티미터나 되었어요. 거의 멜론과 맞먹는 크기였지요. 오프탈모사우루스는 눈이 커서 깊은 물속에서도 먹잇감을 쉽게 찾을 수 있었어요.

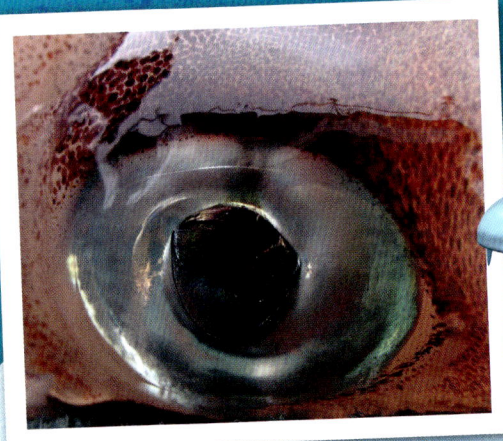

 야행성 눈

오프탈모사우루스는 눈이 커서 어둠 속에서도 앞을 잘 볼 수 있었을 거예요. 오늘날 대왕오징어(위 사진)와 마찬가지로 오프탈모사우루스 역시 큰 눈 덕분에 어두운 바닷속으로 몇 백 미터 들어가서도 먹이를 구할 수 있었어요.

영국에서 발견된 어룡 '템노돈토사우루스'는 오프탈모사우루스보다 눈이 더 컸어요. 하지만 템노돈토사우루스는 오프탈모사우루스보다 덩치가 훨씬 컸기 때문에 몸 크기에 비해 눈이 큰 편은 아니었지요.

눈은 액체로 채워져 있어서 아주 깊은 물속에 들어가도 모양이 바뀌지 않았어요. 하지만 몸의 다른 부분은 그렇지 않았지요. 기관이 쪼그라들거나, 몸속에서 위치를 바꾸기도 했어요.

눈 크기 기록

오프탈모사우루스 눈 크기를 오늘날 깊은 바다에 사는 동물들과 비교해 봐요.

1 ➡ 대왕오징어 ➡ 지름 25센티미터
2 ➡ 오프탈모사우루스 ➡ 지름 23센티미터
3 ➡ 흰긴수염고래 ➡ 지름 15센티미터

흰긴수염고래 　 오프탈모사우루스 　 대왕오징어

 ## 눈 속 들여다보기

오프탈모사우루스의 눈이 컸다고 생각하는 까닭은 눈구멍(아래 사진)이 매우 컸기 때문이에요. 하지만 눈동자가 어떻게 생겼는지는 알 수 없어요. 어쩌면 밤눈이 밝은 고양이처럼 눈동자가 길쭉하게 생겼을지도 몰라요. 깊이 잠수하는 펭귄처럼 눈동자가 약간 네모났을 수도 있지요. 하지만 모양에 상관없이 오프탈모사우루스는 어두운 물속에 들어갔을 때 눈동자로 빛을 많이 흡수했을 거예요.

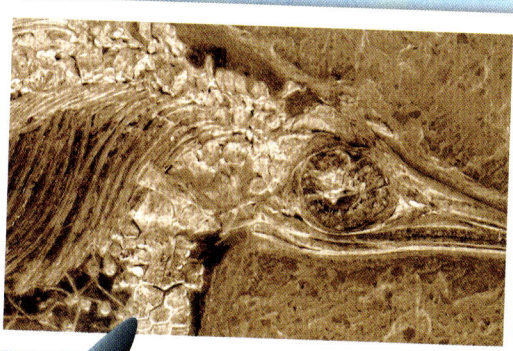

오프탈모사우루스는 참치와 비슷하게 생겼는데, 아주 재빠른 포식자였어요. 힘찬 꼬리 덕분에 물속에서 빨리 헤엄칠 수 있었지요.

 ## 곳곳에서 발견되는 화석

오프탈모사우루스는 눈이 아주 좋아서 무서운 포식자였을 뿐만 아니라 넓은 바다를 맘껏 누볐어요. 오프탈모사우루스 화석은 쥐라기 시대 얕은 바다였던 곳이라면 어디든지 발견되고 있지요.

오프탈모사우루스

살았던 때	쥐라기/1억 6천5백만 년 ~1억 4천5백만 년 전
살았던 곳	전 세계
크기	길이 4미터
몸무게	1톤
식성	물고기, 오징어를 먹음
속도	시속 9킬로미터
위험 정도	중간

가장 오래된 조류

시조새

화석은 조류가 작은 포식 공룡에서부터 진화했다는 것을 보여 줘요. 오늘날에도 조류가 존재하니까 어떻게 보면 공룡은 아직 멸종하지 않았다고 말할 수 있지요.

지금까지 가장 오래된 조류는 시조새예요. 시조새는 아마도 날 수 있었고, 깃털로 덮여 있었을 거예요. 시조새는 깃털 달린 작은 포식 공룡들과 여러 면에서 굉장히 비슷했어요. 오늘날 조류는 이런 공룡들로부터 진화했어요.

초기의 새

시조새는 오늘날 새와는 생김새가 아주 달랐어요. 시조새는 벨로키랍토르처럼 깃털 달린 육식 공룡에서 몸집만 작아진 모습이에요. 시조새의 좁은 턱 쪽에는 작은 이빨이 줄지어 나 있었어요(왼쪽). 발가락에는 긴 발톱이 달렸고, 꼬리에는 긴 깃털이 있었으며, 몸통은 폭이 좁고 두꺼웠어요.

시조새

살았던 때	쥐라기/1억 5천5백만 년 ~1억 5천만 년 전
살았던 곳	독일
크기	길이 50센티미터
몸무게	500그램
식성	육식성
속도	시속 48킬로미터
위험 정도	위험하지 않음

달리기 선수

사람들은 시조새가 '최초의 새'라는 수식어를 달고 다니기 때문에 비둘기처럼 나뭇가지에 앉아 있었을 거라고 생각했어요. 하지만 긴 뒷다리와 발가락, 발톱의 생김새를 근거로 볼 때 발가락을 들어 올린 채 땅 위를 잽싸게 달렸을 거라고 생각해요. 물론 먼 거리를 이동하거나 적으로부터 도망칠 때에는 날았을 거예요.

화석을 보면 앞다리와 꼬리에 커다란 깃털이 있었어요. 어떤 과학자들은 뒷다리에도 긴 깃털이 있었을 거라고 생각하지만 이 주장을 뒷받침할 근거가 부족하지요.

★★★★ 오늘날 조류와 비교해 보기 ★★★★

오늘날 새  VS	시조새 
★ 이빨이 없어요.	★ 턱 안쪽에 이빨이 있어요.
★ 앞 발가락이 합쳐져 있고, 발톱은 작거나 아예 없어요.	★ 앞 발가락이 길고 서로 분리되어 있으며, 큰 발톱이 달려 있어요.
★ 꼬리뼈가 짧고 뭉툭해요.	★ 꼬리뼈가 길고 단단해요.
★ 몸통의 폭이 넓고 얄팍하며 엉덩이가 넓어요.	★ 몸통의 폭이 좁고 두꺼우며 엉덩이가 좁아요.
★ 뒷다리 첫 번째 발가락이 뒤로 완전히 젖혀져요.	★ 뒷다리 첫 번째 발가락이 뒤로 완전히 젖히지 않아요.

턱 가장자리는 단단하고 뾰족한 부리처럼 생겼을 거예요. 오늘날 조류와 달리 턱 안에 이빨이 나 있었지요.

살아남은 무리

조류는 공룡에서부터 진화했어요. 하지만 조류는 다른 공룡과 차이가 있어요. 백악기가 끝날 무렵, 6천5백만 년 전에 있었던 대멸종에서 살아남은 유일한 무리라는 점이지요. 아마 조류는 몸집이 작고, 먼 거리를 날아서 이동할 수 있었기 때문에 살아남았을 거예요.

시조새는 따뜻하고 얕은 바다로 둘러싸인 섬에서 살았어요. 바닷가에서 죽은 물고기나 먹이가 될 만한 것을 찾았을 거예요.

가장 꼬리 가시가 긴 공룡

로리카토사우루스

로리카토사우루스 꼬리에는 1미터가 넘는 가시가 뻗어 있었어요.

이 꼬리 가시는 모든 동물 가운데 가장 길었어요. 로리카토사우루스는 적을 내쫓거나 짝짓기 상대에게 뽐낼 때 꼬리 가시를 이용했을 거예요.

가시에 얽힌 수수께끼

로리카토사우루스의 꼬리 가시는 화석으로 발견됐을 때보다 살아 움직일 때 훨씬 더 길었을 거예요. 그 길이는 화석보다 2배가 넘었을지도 몰라요. 꼬리 가시는 양의 뿔(아래 사진)처럼 뼈로만 이루어진 게 아니라 강하고 거친 물질로 덮여 있었어요. 이 덮개는 계속 자랐는데 화석으로는 남지 않았어요. 그래서 꼬리 가시의 길이가 원래 어느 정도였는지는 정확히 알 수 없지요.

가시들이 어디에 있었는지 정확하게 밝혀지지 않았어요. 어쩌면 어깨나 엉덩이에도 가시가 나 있었을지 몰라요.

로리카토사우루스

살았던 때	쥐라기/1억 6천4백만 년 ~1억 6천만 년 전
살았던 곳	영국
크기	길이 6미터
몸무게	2톤
식성	초식성
속도	최대 시속 16킬로미터
위험 정도	중간

골판과 가시

로리카토사우루스 같은 공룡들에게는 꼬리 가시뿐만 아니라 등에 큰 골판이 있었어요. 로리카토사우루스는 스테고사우루스와 비슷하게 생겼지만 등에 있는 골판 모양과 개수가 달랐어요. 스테고사우루스(위)는 큰 마름모꼴 골판과 꼬리 가시 4개가 있었어요. 스테고사우루스과의 다른 공룡은 골판이 작았고, 가시가 더 많았지요.

힘센 꼬리 끝부분에 아주 긴 가시가 달렸을 거예요. 아마 꼬리를 위로 들어 올린 채 걸었을 거예요.

다리는 기둥처럼 생겼어요. 발에는 작고 짧은 발가락이 있어서 느리게 걷는 데 좋았어요. 위험한 적이 나타나면 도망치기보다는 긴 꼬리 가시를 이용해 방어했을 거예요.

꼬리를 조심해!

로리카토사우루스는 꼬리 가시를 양옆으로 휘둘러서 공격해 오는 적의 몸을 찔렀을 거예요. 이러한 정보는 다른 공룡의 화석으로도 충분히 짐작할 수 있어요. 알로사우루스(몸집 큰 포식 공룡)의 꼬리뼈 화석이 발견되었는데, 스테고사우루스의 꼬리 가시에 찔린 채였어요. 꼬리 가시에도 무엇인가를 찌른 듯한 자국이 있었지요. 이런 자국은 단단한 물체와 세게 부딪치는 과정에서 생긴 것이 분명해요.

몸에 비해 가장 목이 긴 공룡

오메이사우루스

오메이사우루스는 몸 크기와 비교했을 때 목이 가장 긴 공룡이에요.

오늘날 기린은 몸통보다 목이 약 2배 길어요. 하지만 오메이사우루스는 몸통보다 목이 무려 4배나 길었어요. 목 길이가 무려 8.5미터나 됐지요.

 뼈의 비밀

오메이사우루스는 목이 왜 이렇게 길었을까요? 답은 오메이사우루스의 뼈에 있어요. 사람의 척추뼈에는 목뼈가 7개 있어요. 초기 공룡들은 목뼈가 9개였지요. 하지만 오메이사우루스는 놀랍게도 목뼈가 17개였고, 뼈 하나하나가 아주 길었어요. 오메이사우루스는 다른 공룡의 등뼈 자리까지 목뼈가 있어서 목이 길 수밖에 없었어요.

> 목이 몸통과 꼬리에 비해 몹시 길었어요. 앞으로 고꾸라지지 않는 게 놀라울 정도였지요.

> 꼬리 끝에는 뼈로 된 망치가 달려 있었어요. 뼈 망치는 다가오는 포식자들을 내쫓는 무기로 쓰였을 거예요.

길고 가는 목으로 열기가 많이 빠져나갔어요. 또 긴 목 때문에 눈에 잘 띄어서 커다란 포식자들의 목표물이 되기 쉬웠을 거예요.

기린과 닮은 공룡

오늘날 기린처럼 오메이사우루스는 잘 구부러지면서 엄청나게 긴 목을 이용해 키 큰 나무의 잎을 쉽게 먹었어요. 오메이사우루스는 목을 오른쪽, 왼쪽 위아래로 자유롭게 움직였어요. 오메이사우루스는 다양한 식물을 골라 먹었을 거예요.

긴 목 덕분에 머리를 높이 들고 멀리까지 내다볼 수 있었어요. 하지만 목이 길어서 머리와 뇌까지 피를 보내기가 어려웠어요. 오메이사우루스는 이 문제를 어떻게든 해결해야 했을 거예요. 과학자들은 아직까지 그 방법이 무엇인지 밝혀내지 못했지요.

목이 긴 공룡 기록

오메이사우루스는 몸 크기에 비해 목이 가장 긴 공룡이에요. 하지만 길이만 봤을 때 오메이사우루스보다 목이 더 긴 공룡도 있었지요.

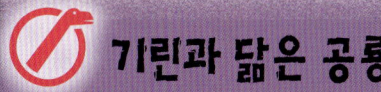

1 ➡ 수페르사우루스 ➡ 목 길이 16미터

2 ➡ 마멩키사우루스 ➡ 목 길이 12미터

3 ➡ 사우로포세이돈 ➡ 목 길이 최소 11.5미터

4 ➡ 오메이사우루스 ➡ 목 길이 8.5미터

오메이사우루스

살았던 때	쥐라기/1억 6천4백만 년 ~1억 6천만 년 전
살았던 곳	중국
크기	길이 18미터
몸무게	8.5톤
식성	초식성
속도	시속 16킬로미터
위험 정도	낮음

가장 남쪽에 산 공룡

크리올로포사우루스

크리올로포사우루스는 커크패트릭 산의 꽁꽁 언 땅에서 발견되었어요. 이곳은 남극과 겨우 650킬로미터 떨어져 있는 곳이에요. 크리올로포사우루스는 가장 남쪽에 살았던 공룡이지요.

얼마 전에 발견된 크리올로포사우루스는 몸집이 중간 정도였고, 두 발로 걸었어요. 그리고 볏 모양이 특이했지요. 그래서 이름도 '꽁꽁 언 볏을 단 도마뱀'이라는 뜻이에요.

쥐라기의 남극 대륙

크리올로포사우루스가 살아 있었을 때 남극 대륙은 지금보다 북쪽에 있었어요(오른쪽). 지구는 지금보다 따뜻해서 빙하도 없었고, 온도가 영하까지 떨어지는 곳도 없었지요. 남극 대륙에서 발견된 나무 화석을 보면 이곳에 숲이 있었다는 사실을 알 수 있어요(위). 이곳에서 다양한 종류의 공룡과 동물이 살았을 거예요. 하지만 남극 대륙에 살았던 생물들은 겨울이 되면 추운 날씨(영하로 떨어지지 않는)를 견뎌야 했어요.

크리올로포사우루스

살았던 때	쥐라기/1억 8천9백만 년 ~1억 8천3백만 년 전
살았던 곳	남극 대륙
크기	길이 6미터
몸무게	350킬로그램
식성	육식성
속도	시속 24킬로미터
위험 정도	높음

괴상한 볏

크리올로포사우루스는 눈 바로 위에 곡선 모양의 볏이 있었어요. 볏 양쪽에는 작은 뿔도 있었지요. 특이한 볏을 가진 포식자 공룡이 많지만 이렇게 생긴 볏이 있는 공룡은 없었어요. 어쩌면 남극 대륙에는 훨씬 더 독특한 생김새를 한 공룡들의 화석이 우리의 발견을 기다리고 있을지 몰라요.

크리올로포사우루스는 입맛이 까다롭지 않았어요. 날카로운 이빨과 강한 턱으로 작은 공룡은 물론 큰 공룡도 잡아먹을 수 있었지요. 썩어 가는 동물 시체도 먹었을 거예요.

얼어 있는 화석

오늘날 남극 대륙(아래 사진은) 일 년 내내 땅이 얼어 있어요. 꽁꽁 언 땅을 파기 어려워서 지금까지 남극 대륙에서 발견된 화석은 아주 적어요. 또한 지금껏 남극 대륙까지 화석을 찾으러 온 과학자도 많지 않지요. 여기까지 오려면 돈도 많이 들고 발굴 작업도 힘들기 때문이에요. 하지만 몇몇 화석이 커크패트릭 산과 로스 섬에서 발견되었어요.

크리올로포사우루스 친족 공룡은 화석이 좀 더 잘 보존되었어요. 이 화석들을 조사한 결과로 짐작할 때 크리올로포사우루스는 앞 발가락이 4개였고 그 가운데 3개에 발톱이 달렸을 거예요. 크리올로포사우루스는 앞발로 먹잇감을 붙잡고는 이빨로 콱 물었을 거예요.

남극 대륙

가장 뇌가 작은 공룡

스테고사우루스

초식 공룡은 대부분 뇌가 아주 작았어요. 그 가운데에서도 거대한 초식 공룡 스테고사우루스의 뇌는 특히 더 작았지요.

어른 한 명의 뇌는 스테고사우루스 뇌보다 무려 25배나 커요! 스테고사우루스 뇌에서 생각을 다루는 부분은 아주 작았어요. 뇌의 대부분은 후각을 비롯한 감각 기관을 조절하는 데 쓰였지요. 아마 생각하는 데 쓰였던 뇌 부분은 크기가 호두만 했을 거예요.

◉ 단순한 스테고사우루스

스테고사우루스의 뇌가 작았다는 것은 어려운 생각을 많이 하지 않았다는 뜻이에요. 스테고사우루스는 거의 본능에 따라 행동했을 거예요. 하지만 스테고사우루스만 그랬던 건 절대 아니에요. 거의 모든 동물이 본능대로 행동하지요. 스테고사우루스 뇌가 이렇게 작다고 해서 특별히 멍청한 것도 아니에요. 곤충이나 물고기처럼 작은 뇌를 가지고 살아가는 동물이 지구상에 많지요.

뇌에서 후각을 맡는 부분이 꽤 컸어요. 분명 스테고사우루스는 맛있는 식물의 냄새를 잘 맡았을 거예요.

뇌가 2개?

예전에는 스테고사우루스 척추뼈 안에 두 번째 뇌가 있다고 생각했어요. 이 뇌가 몸의 뒷부분을 조절했을 거라고 여겼지요. 몸집 큰 공룡이나 오늘날 조류는 척추뼈에 빈 공간이 있어요. 하지만 그 속에 뇌가 있는건 아니에요. '글리코겐체'가 그 자리를 차지하고 있지요.

스테고사우루스

살았던 때	쥐라기/1억 5천5백만 년 ~1억 4천5백만 년 전
살았던 곳	미국, 포르투갈
크기	길이 7미터
몸무게	3.5톤
식성	초식성
속도	시속 16킬로미터
위험 정도	중간

스테고사우루스는 머리를 쓰는 대신 거대한 꼬리를 힘차게 휘둘러서 포식자와 맞섰을 거예요.

척추뼈 속의 글리코겐체는 에너지를 저장하거나, 몸의 균형을 잡는 데 도움을 주었을 거예요.

뇌가 작은 공룡의 기록

뇌가 특히 작은 공룡들을 알아봐요.

1 ➡ 스테고사우루스
2 ➡ 디플로도쿠스
3 ➡ 켄트로사우루스
4 ➡ 에우오플로케팔루스
5 ➡ 트리케라톱스

초식 공룡의 뇌

포식자 공룡은 먹잇감이 되는 공룡보다 뇌가 컸어요. 먹잇감을 사냥하려면 머리를 더 써야 했거든요. 하지만 스테고사우루스(오른쪽)처럼 단순한 초식 공룡은 몸 크기에 비해 뇌가 작았어요. 약삭빠르고 잽싼 포식자처럼 영리할 필요가 없었기 때문에 뇌가 작았지요.

가장 색이 화려한 깃털 공룡

안키오르니스

중국에서 발견된 안키오르니스는 깃털 달린 작은 공룡이에요. 이 공룡은 '가장 작은 육식 공룡' 기록뿐만 아니라 '가장 색이 화려한 깃털 공룡' 기록도 갖고 있어요.

안키오르니스 볏은 붉은색이었고, 머리는 붉은색과 회색을 띠었어요. 또 날개와 뒷다리 깃털에는 검은색과 흰색 줄무늬가 있었지요. 깃털 없는 공룡 가운데 더 화려한 색을 띤 공룡이 있었을지도 몰라요. 하지만 이런 공룡은 색을 알아내기가 거의 불가능해요.

놀라운 대비 효과

안키오르니스 몸은 대부분 회색빛을 띠었어요. 하지만 앞다리에 있는 긴 깃털은 거의 흰색에 가까웠어요. 또 앞다리 깃털에는 검은색 얼룩이 줄지어 나 있었지요. 뒷다리에 있는 긴 깃털에도 검은색 무늬가 있었어요. 안키오르니스가 날개를 펼치고 볏을 추어올리면 오늘날 후투티(아래 사진)처럼 꽤 멋졌을 거예요.

색의 비밀

과학자들은 화석화된 깃털을 연구해서 공룡의 색을 밝혀내요. 깃털 화석 중에는 겉면을 가로지르는 어두운 띠가 남아 있는 경우가 많은데, 이것은 원래 모양이 그대로 보존된 거예요. 어떤 때는 색을 만드는 작은 세포(멜라닌 소체)가 남아 있기도 해요. 하지만 깃털 없는 공룡은 이런 방법을 쓸 수 없어서 몸 색깔을 알아내기가 매우 어려워요.

새와 다른 특징

안키오르니스는 생김새가 오늘날의 비둘기와 비슷했어요. 앞다리와 뒷다리가 길었고, 꼬리에는 깃털이 있었으며, 볏은 덥수룩했고, 몸통은 짧은 털로 덮여 있었어요. 하지만 안키오르니스는 새에게 없는 특징도 갖고 있었어요. 그건 바로 짧고 끝이 뭉툭한 주둥이였어요. 사실 안키오르니스는 트로오돈과에 들어가요. 새보다는 트로오돈(오른쪽)에 훨씬 가까운 공룡이지요.

붉은색 볏은 짝짓기 상대에게 매력을 뽐내는 데 이용했을 거예요.

앞다리와 앞발에는 긴 깃털이 있어서 다리가 거의 보이지 않았어요. 앞 발가락에 있는 발톱만 눈에 띄었을 거예요.

놀랍게도 안키오르니스는 발가락까지 깃털로 덮여 있었어요. 오늘날 발가락까지 깃털로 덮인 새들은 추운 지방에 살지요.

안키오르니스

살았던 때	쥐라기/1억 6천5백만 년 ~1억 5천5백만 년 전
살았던 곳	중국
크기	길이 40센티미터
몸무게	250그램
식성	육식성
속도	최대 시속 40킬로미터
위험 정도	위험하지 않음

쥐라기 이후의 공룡 시대

쥐라기가 끝난 후에도 공룡들의 시대는 8천만 년간 이어졌어요. 바로 백악기라고 불리는 때이지요. 중생대의 마지막 지질 시대인 백악기는 약 1억 4,500만 년 전부터 6,500만 년 전까지 계속되었어요.

다른 동물들이 사라지는 동안에도 공룡들은 진화를 거듭했어요. 백악기 후기인 캄파니안기에는 무려 100가지 종의 공룡들이 생겨났답니다. 그야말로 '공룡 전성시대'였지요.

캄파니안기 북아메리카 대륙에는 거대한 육식 공룡이 많이 살았어요. 대표적으로 알베르토사우루스(왼쪽), 고르고사우루스, 다스플레토사우루스가 있지요. 공룡들은 먹이를 두고 싸우지 않으려고 아마도 다른 먹잇감을 사냥했을 거예요.

캄파니안기에는 해수면이 높아져 바닷물이 땅으로 흘러 들어왔어요. 하나의 대륙이었던 판게아는 작은 대륙으로 쪼개졌지요. 작은 대륙은 기후도, 사는 식물도 달랐어요. 공룡들은 바뀐 환경에 적응하려고 여러 무리로 나뉘어 새로운 종으로 진화했답니다.

백악기의 공룡들은 대부분 바닷가의 평평한 땅에서 살았어요. 수풀과 키 작은 나무, 양치식물들이 많은 곳이었지요. 또한 늪이나 숲에서 사는 공룡들도 있었답니다.

오리 주둥이 공룡들은 다양한 모양의 볏을 가진 모습으로 진화했어요. 그래서 볏을 보고 공룡의 종을 쉽게 구별할 수 있어요.

화려한 공룡들!

캄파니안기에는 그 어느 때보다 화려한 모습의 공룡들이 많았어요. 눈에 띄는 볏과 거대한 뿔, 환상적인 주름 장식을 가진 공룡들이 있었지요. 그 가운데 많은 수가 파라사우롤로푸스(위)처럼 오리 주둥이 공룡이거나, 뿔 달린 공룡이었어요. 뿔이 있는 공룡이 처음 나타난 것도 이때예요.

캄파니안기 뿔 달린 공룡 가운데는 스티라코사우루스처럼 주름 장식의 돌기와 긴 코 뿔을 가진 공룡들이 있었어요. 반면, 펜타케라톱스처럼 긴 주름 장식의 돌기에 짧은 코 뿔을 가진 공룡도 있었지요.

가장 규모가 큰 멸종

백악기가 끝날 무렵인 약 6천5백만 년 전, 역사상 가장 많은 동식물이 멸종되는 사건이 벌어졌어요. 지구에 살았던 생물 가운데 약 80퍼센트가 죽었어요. 이때 공룡의 시대도 막을 내렸지요.

공룡의 멸종은 거대한 소행성(작은 천체)이 지구와 충돌하는 바람에 일어났다고 해요. 하지만 소행성과 부딪히기 전부터 많은 생물이 살아가는 데 어려움을 겪었다는 증거가 있어요.

백악기 동안 전 세계에 걸쳐 얕은 바다가 말라 버렸어요. 그러자 바닷가 지역이 메마르고, 기후와 식물군이 변화했지요. 이런 변화 때문에 공룡들의 삶은 더욱 힘들어졌어요.

대충돌

멕시코 치크술루브에는 약 6천5백만 년 전에 생긴 거대한 운석 구덩이가 있어요. 이것은 소행성 가설과 잘 들어맞아요. 폭이 180킬로미터가 넘는 치크술루브 운석 구덩이는 지름이 10킬로미터 되는 운석과 충돌하여 생겼어요. 이 운석은 역사상 가장 컸던 인공적인 폭발보다 2백만 배 더 강력한 힘으로 지구와 부딪혔지요.

백악기가 끝날 무렵 인도에서는 화산의 갈라진 틈으로 2백만 세제곱킬로미터의 용암이 쏟아져 나왔어요. 이 용암 때문에 대기권은 독성 기체로 가득 찼고, 지구의 기후도 영향을 받아 변했을 거예요. 이런 상황도 공룡 멸종에 한몫했을 거예요.

소행성과 충돌하면 어떻게 될까?

➜ 충돌 지점에 있던 동식물이 증발해요.
➜ 충돌 지점에서 1킬로미터 안에 있는 동식물이 타 죽어요.
➜ 충돌에서 오는 열기가 큰 불을 일으켜요.
➜ 충격파 때문에 거대한 파도가 일어나요.
➜ 공기 중으로 흩날린 먼지가 수개월에서 수년, 심하면 몇십 년 동안 햇빛을 가려요.
➜ 대기권으로 퍼진 화학 물질이 산성비를 일으켜요.

커다란 소행성은 몇 킬로미터 위의 하늘까지 밝게 물들였어요. 그리고 땅에 충돌하는 순간 엄청난 에너지를 냈을 거예요.

충돌 결과 어룡, 익룡, 도마뱀, 포유류, 바다에 사는 기타 생물들이 한꺼번에 죽었어요. 공룡들도 거의 다 죽긴 했지만 모두 사라진 건 아니었어요. 공룡 무리 가운데 조류는 살아남았지요.

쥐라기 들여다보기

아직 쥐라기에 대해 궁금한 것이 남았다고요? 여기 쥐라기 공룡들에 대한 흥미로운 이야기가 더 있답니다.

쥐라기 공룡이 아니라고?

〈쥬라기 공원〉 영화 개봉 이후 가장 많은 인기를 얻은 공룡, 티라노사우루스 렉스! 사실 티라노사우루스 렉스는 쥐라기에는 없었던 공룡이에요. 그 후의 시대인 백악기에 살았던 공룡이지요.

거대한 뼈!

어떤 공룡들은 뼈 속에 공기주머니가 있었어요. 특히 육식 공룡에게서 주로 찾아볼 수 있었지요. 공기주머니 덕분에 겉보기에는 덩치가 컸지만, 크기에 비해 무게는 얼마 나가지 않았어요.

단단한 발!

육식 공룡들이 날카로운 발톱을 지닌 것과 반대로, 초식 공룡들의 발톱은 둥근 모양이었어요. 어떤 초식 공룡의 발은 오늘날 코뿔소나 코끼리, 돼지의 발을 닮았답니다.

공룡이란 단어의 유래는?

공룡의 영어 명칭인 'Dinosaur'는 '무서운 용'이라는 그리스어에서 파생되었어요. 1842년에 처음으로 사용되었답니다.

이빨 빠진 공룡은 없다?

공룡의 이빨은 뽑히거나 부러져도 다시 자라났어요. 오늘날 상어처럼 무한대의 재생 능력을 가졌지요. 어떤 공룡들은 천 개가 넘는 이빨을 가지기도 했어요.

크다고 나쁜 건 아니야!

대개 거대한 몸집을 가진 공룡일수록 공격적이지 않고 온순한 성격을 가졌어요. 먹잇감을 사냥하지 않는 초식 공룡이었거든요. 오히려 사나운 육식 공룡들의 몸집이 더 작았답니다.

무장 완료!

로리카토사우루스처럼 갑옷 같은 골판과 뾰족한 꼬리 가시를 가진 초식 공룡들은 이것으로 자신을 방어했어요. 거대한 초식 공룡들은 적에게 공격을 받을 때 재빨리 달아날 수 없었거든요.

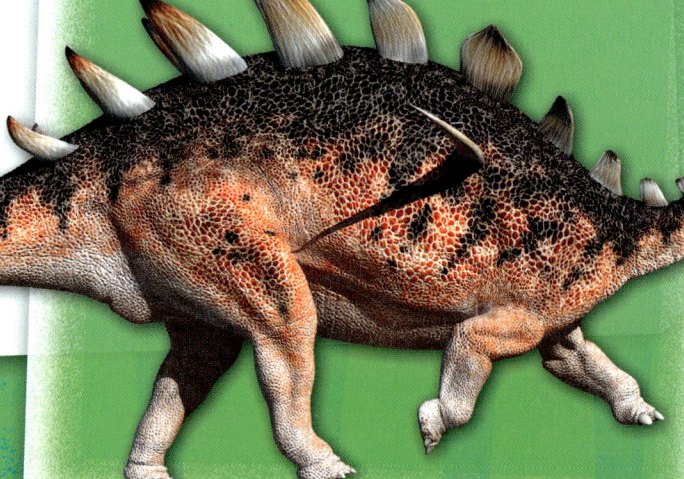

잠수할 필요가 없다고?

아파토사우루스는 콧구멍이 머리 꼭대기에 달렸어요. 엄청나게 기다란 목과 머리 위에 있는 콧구멍 덕분에 깊은 물에 들어가도 숨 쉬는 데 끄떡없었답니다.

공룡은 얼마나 오래 살았을까?

거대한 초식 공룡들은 약 80년, 육식 공룡들은 약 30년 정도를 살았다고 해요. 200년이 넘도록 장수한 공룡들도 있었답니다.

동양의 용, 그 정체는?

최근 중국에서 밝혀진 재미있는 기록이 있어요. 3,500년 전 중국에서 공룡의 이빨을 발견했을 때, 사람들은 그것을 용의 이빨이라고 생각했다고 해요. 당시엔 공룡에 대해 아무도 알지 못했거든요.

공룡의 번식

공룡들은 오늘날의 새나 파충류처럼 알을 낳았어요. 어떤 공룡들은 둥지를 지어 새끼가 태어날 때까지 정성껏 돌보기도 했어요.

지구의 오랜 주인

공룡들은 약 1억 6천만 년 동안 지구의 주인으로 살았어요. 인류가 살아온 기간이 2백만 년이라고 하니 정말 어마어마한 시간이지요.

더 똑똑한 생명체의 등장

공룡이 멸종한 후, 더 똑똑한 생명체들이 등장하기 시작했어요. 신생아의 뇌는 대부분의 공룡 뇌보다 크다고 해요. 고래와 돌고래는 오늘날 지구상의 동물들 중에 가장 큰 뇌를 가졌답니다.

쥐라기 상식 퀴즈

퀴즈를 통해 쥐라기에 대해 얼마나 알고 있는지 확인해 보세요.
정답은 오른쪽 페이지 하단에 있답니다.

1. 지금까지 발견된 육지 동물 중, 가장 무거운 동물은 무엇일까요?
a) 암피코일리아스
b) 오메이사우루스
c) 리오플레우로돈

2. '목이 긴 공룡' 오메이사우루스는 몇 개의 목뼈를 가졌을까요?
a) 7개
b) 12개
c) 17개

3. '화려한 공룡' 안키오르니스의 볏은 어떤 색이었나요?
a) 붉은색
b) 보라색
c) 노란색과 녹색의 줄무늬

4. 스테고사우루스는 몇 개의 뇌를 가졌을까요?
a) 1개
b) 2개
c) 3개

5. 대부분의 공룡들은 어떤 꼬리를 가졌을까요?
a) 용처럼 땅에 끌리는 길고 무거운 꼬리
b) 여우처럼 공중에 떠 있는 꼬리
c) 개처럼 부드럽게 흔들 수 있는 꼬리

6. 다른 공룡들과는 다르게, 꼬리를 채찍처럼 휘두른 공룡은 무엇이었나요?
a) 스테고사우루스
b) 디플로도쿠스
c) 프루이타덴스

7. 오프탈모사우루스의 눈 크기는 어떤 과일과 크기가 비슷했나요?
a) 복숭아
b) 포도
c) 멜론

8. '바다 포식자 공룡' 리오플레우로돈의 이빨은 어떤 모양이었나요?
a) 바나나 모양의 뾰족한 이빨
b) 연필처럼 날카로운 이빨
c) 잎사귀 모양의 이빨

9. '가장 작은 육식 공룡' 안키오르니스의 크기는 얼마나 되었을까요?
a) 약 10센티미터
b) 약 40센티미터
c) 약 100센티미터

10. 시조새 화석이 과학적으로 가장 가치가 높은 이유는 무엇일까요?
a) 가장 최근에 발견되어서
b) 가장 많은 화석이 발견되어서
c) 조류가 공룡에서 진화했다는 증거를 보여 줘서

11. 크리올로포사우루스가 발견된 곳은 어디일까요?
a) 남극 대륙
b) 북극 대륙
c) 적도

12. '최초의 공룡' 메갈로사우루스의 화석은 언제, 어디서 발굴되었나요?
a) 1845년, 독일에서
b) 1818년, 미국에서
c) 1824년, 영국에서

정답
1=a, 2=c, 3=a, 4=a, 5=b, 6=b, 7=c, 8=a, 9=b, 10=c, 11=a, 12=c

낱말 풀이

가시
피부 위로 자라 나오는 긴 구조물을 말해요. 고슴도치의 가시는 끝이 뾰족해서 방어 목적으로 쓰여요.

각룡류
주둥이가 앵무새처럼 생긴 초식 공룡 무리를 말해요. 프로토케라톱스, 트리케라톱스가 여기에 들어가요.

검룡류
쥐라기에서부터 백악기에 걸쳐 번성한 공룡 무리를 말해요. 스테고사우루스가 여기에 들어가요.

고생물학자
고생물학을 연구하는 과학자들을 말해요. 고생물학이란 지질 시대에 살았던 생물들을 연구하는 학문이에요. 고생물학자들은 식물 화석, 동물 화석 등 특정한 분야를 전문적으로 공부해요.

글리코겐체
공룡과 오늘날 조류 가운데 다수는 몸속에서 글리코겐체가 발견돼요. 이것은 에너지를 저장하거나 균형을 조절하는 역할을 했을 거예요.

냉혈 동물(변온 동물)
바깥 온도에 따라 체온이 변하는 동물을 말해요. 포유류와 조류를 제외한 대부분이 냉혈 동물이지요.

대멸종
당시에 살았던 동식물 상당수가 멸종해 버리는 역사적인 사건을 뜻해요. 보통 급격한 기후 변화나, 거대 소행성과의 충돌로 발생하는 자연재해에 의해 대멸종이 일어나지요.

멸종
어떤 생물이 더 이상 존재하지 않는 것을 말해요. 마지막으로 남은 개체가 죽으면 그 종이 멸종했다고 이야기하지요.

백악기
중생대 쥐라기와 신생대 사이로, 1억 4천5백만 년 전부터 6천5백만 년 전까지의 시대를 말해요. 백악기에는 수많은 공룡들이 땅을 지배했어요.

볏
새나 닭처럼 동물의 머리 위쪽에 봉긋하게 붙어 있는 것을 말해요.

어룡
중생대에 살았던 헤엄치는 바다 파충류예요. 초기 어룡은 물갈퀴 달린 도마뱀처럼 생겼어요. 하지만 어룡 가운데 가장 잘 알려진 무리는 상어 같은 꼬리 지느러미가 있으며 돌고래처럼 생겼어요.

오리 주둥이 공룡
백악기 초식 공룡 무리 '하드로사우루스과'를 친숙하게 부르는 이름이에요. 이 공룡 무리는 오리 부리 같은 주둥이와 거대한 몸통을 가졌어요.

온혈 동물(정온 동물)
바깥 온도와 상관없이 체온을 항상 따뜻하게 유지하는 동물을 말해요. 포유류와 조류는 온혈 동물이며, 몇몇 곤충과 물고기도 온혈 동물이에요. 중생대에 살았던 공룡 중에도 온혈 동물이 있었다는 증거가 있지요.

용각류
목이 길고, 몸집이 큰 공룡 무리예요. 디플로도쿠스, 브라키오사우루스 들이 여기에 들어가요. 용각류에는 지금껏 살았던 육지 동물 가운데 가장 무거운 동물도 포함돼요.

용반목
길고 잘 구부러지는 목을 가진 공룡 무리예요. 수각류와 용각류 및 이들의 친족이 용반목에 들어가요.

육식 공룡
에너지를 내기 위해 다른 동물을 잡아먹는 공룡을 말해요. 스피노사우루스, 티라노사우루스 렉스 등이 육식 공룡에 속하지요.

익룡
공룡과 매우 가까운 관계에 있었던, 날개 달린 파충류를 말해요. 트라이아스기에 진화해서 백악기 말기에 멸종했어요. 몸통이 털로 덮여 있었는데, 아마도 온혈 동물이었을 거예요.

잡식성
에너지를 내기 위해 동물과 식물을 모두 먹는 동물의 성질을 말해요. 사람뿐만 아니라 돼지, 곰도 잡식성이에요. 잡식 동물의 몸은 초식 동물과 육식 동물의 특징을 모두 갖추고 있어요.

조반목
주둥이에는 부리처럼 생긴 뼈가 발달했고, 새의 골반을 닮은 허리뼈 배열을 가진 공룡 무리를 말해요. 대개 초식 공룡인데 각룡류와 조각류 들이 조반목에 속하지요.

주름 장식
뿔 달린 공룡의 머리에 달린, 뼈로 된 넓적한 장식을 말해요. 이 장식은 뒤로 젖혀 바깥쪽을 향해 있어요. 초기 공룡의 주름 장식은 작았지만, 후기 공룡으로 갈수록 크기가 커졌어요.

중생대
2억 5천만 년 전부터 6천5백만 년 전까지의 기간('대'라고 불리는)을 말해요. 트라이아스기, 쥐라기, 백악기가 모두 중생대에 속해요. 중생대는 '파충류의 시대'라고 부르지요.

쥐라기
중생대 트라이아스기와 백악기 사이의 시대를 말해요. 1억 9천9백만 년 전부터 1억 4천5백만 년 전까지 계속되었지요.

진화
모든 생물이 시간이 지남에 따라 변화하는 현상을 진화라고 해요. 진화는 오랜 시간에 걸쳐 일어나지만, 오늘날에는 짧은 시간 동안 진화하는 동식물도 있지요.

초식 공룡
에너지를 내기 위해 식물을 먹는 공룡을 말해요. 초식 공룡은 위장이 크고, 주둥이가 식물을 먹기 알맞게 생겼어요.

치크술루브 운석 구덩이
멕시코에 있는 폭 180킬로미터의 운석 구덩이예요. 백악기가 끝날 무렵 우주에서 날아 온 운석이 지구와 부딪히면서 생겼어요. 1970년대까지는 이 구덩이의 정체가 밝혀지지 않았지요.

캄파니안기
백악기에 속하는 한 기간으로, 8천3백만 년 전에서부터 7천만 년 전까지의 시기를 말해요. 이 기간은 '공룡 전성시대'라고 불려요.

트라이아스기
고생대 페름기와 중생대 쥐라기 사이의 시대를 말해요. 지금으로부터 2억 5천만 년 전에서부터 1억 9천9백만 년 전 사이를 말하지요. 트라이아스기에 공룡이 처음으로 모습을 드러냈어요.

파충류
보통 다리가 4개이고, 피부에 비늘이 있는 척추동물 무리예요. 공룡을 비롯하여 거북, 도마뱀, 뱀, 악어 등이 여기에 해당되지요. 파충류는 대부분 냉혈 동물이지만, 공룡(조류를 포함한)과 익룡 가운데 온혈 동물이 있었고, 몸에 털이나 깃털이 있기도 했어요.

포식자
다른 동물을 잡아먹어 에너지를 얻는 동물을 뜻해요. 늑대, 호랑이, 상어뿐만 아니라 무당벌레, 울새도 포식자예요.

헤테로돈토사우루스과
큰 송곳니가 돋보이는 잡식성 공룡 무리예요. 뒷다리가 길고 날씬해요. 조반목에서 최초로 진화한 무리 가운데 하나이기도 하지요.

사진 제공처:

Dr Darren Naish, Corbis, Getty Images, istockphoto.com, Science Photo Library & Shutterstock.com

* 이 책은 학계에서 인정한 자료를 근거로 최대한 정확하게 만들려고 노력했으며, 이 책에 실린 모든 사진들은 저작권자의 허락을 받은 것입니다. 그러나 본의 아니게 틀린 내용이 있거나 저작권 표시가 빠진 것이 있다면 사과드리며, 개정판에서는 수정하도록 하겠습니다.